POURQUOI et COMMENT

AYANT DÉCLARÉ

le 17 janvier 1897

Que je voterais pour M. l'abbé GAYRAUD

J'AI VOTÉ, LE 24 JANVIER

POUR

M. le comte de BLOIS

BORDEAUX

IMPRIMERIE NOUVELLE DEMACHY, PECH & Cie

16 — rue Cabirol — 16

—

1897

POURQUOI ET COMMENT

le 17 janvier 1897

Que je voterais pour M. l'abbé GAYRAUD

J'AI VOTÉ, LE 24 JANVIER

POUR

M. le comte de BLOIS

———+❦+———

Brescanvel, 6 juin 1897.

MESSIEURS ET CHERS CONCITOYENS
DE LA 3ᵉ CIRCONSCRIPTION DE BREST,

Au moment où va très probablement s'ouvrir une nouvelle lutte électorale, j'éprouve le besoin de justifier mon vote du 24 janvier 1897, en présence de ma déclaration du 17 à Ploudalmézeau. Je ne veux laisser à cet égard planer aucun doute sur là loyauté de ma conduite, chacun restant juge de la bonté des raisons alléguées. Mon but est de prouver que ce n'est pas avec justice que certains m'accusent d'avoir manqué de soumission à Sa Sainteté Léon XIII, parce que je n'ai pas voté pour M. l'abbé Gayraud.

La soumission au Vicaire de Jésus-Christ a toujours été ma grande préoccupation et le guide de ma conduite.

C'est en vertu de cette préoccupation qu'ayant entendu M. l'abbé Gayraud proclamer sa soumission complète à toutes les directions pontificales et le trouvant en cela plus accentué que son concurrent, je crus devoir faire, à Ploudalmézeau, une déclaration motivée que, pour des motifs indépendants de ma volonté, on n'a pas publiée dans son entier. La voici :

« Ploudalmézeau, 17 janvier 1897.

» MESSIEURS,

» Je crois, dans la situation qui m'est faite, très utile de faire connaître pourquoi je voterai pour M. l'abbé Gayraud.

» M. l'abbé vient de vous rappeler les paroles de Mgr Gouthe-Soulard : « Nous ne sommes pas en république, mais en » franc-maçonnerie. »

» Je vais plus loin et je dis que nous n'avons pas cessé d'être en franc-maçonnerie depuis plus de cent ans.

» En effet : Philippe-Egalité, grand maître de la franc-maçonnerie en France, est celui qui a le plus travaillé, au nom de la secte, au martyre de Louis XVI.

» Napoléon Ier, inspiré par la secte, dont il faisait partie (1), a fait le Code qui nous régit et d'où le nom de Dieu a été systématiquement écarté. On y admet l'égalité de tous les cultes devant l'Etat ; c'est-à-dire l'égalité entre Dieu et le diable.

» Napoléon Ier a créé l'ordre de la Légion d'honneur, mettant sur la poitrine des braves, non une croix, mais l'étoile flamboyante, à cinq branches, de la franc-maçonnerie.

» En faisant paraître le Concordat, Napoléon Ier l'a subrepticement fait suivre des articles organiques qui en sont la contradiction flagrante et dont se servent aujourd'hui les sectaires au pouvoir, contre les congrégations religieuses.

» Quel est le gouvernement, depuis cette époque, qui a osé toucher au Code Napoléon, à la forme de la décoration de la Légion d'honneur et aux articles organiques qu'il était d'autant plus facile de réduire à néant que ces articles n'ont pas passé par les formes nécessaires pour en faire une loi ?

» Vous devez vous demander pourquoi je tombe sur tous les gouvernements, sans exception, que nous avons eus depuis le

(1) C'est du moins ce que je me rappelle parfaitement avoir lu dans une publication dont le titre m'échappe.

martyre de Louis XVI; mais quel est donc celui qui a osé réagir contre ces trois choses, dues à la franc-maçonnerie?

» Et puis, Louis XVI a laissé une descendance, qui a vécu pauvre, dépouillée, persécutée par tous ces gouvernements qui se sont succédé, et il en existe de dignes représentants, encore méconnus.

» Je suis d'autant plus à l'aise pour vous en parler que le Chef de cette auguste survivance, seul vrai représentant du principe monarchique, ne se pose pas en prétendant, quoique prêt, cependant, à obéir aux desseins de la divine Providence, pour se dévouer, à son premier signal, pour le salut de la France, et qu'il est entièrement soumis aux directions pontificales, comme je le suis moi-même.

» Voilà pourquoi je voterai pour M. l'abbé Gayraud. »

Cette déclaration fut applaudie; je reçus même les remerciments de M. l'abbé Gayraud et de plusieurs personnes qui se trouvaient sur la tribune.

C'était donc qu'on n'y trouvait rien à redire, quoiqu'elle ne fût pas républicaine.

Sans doute, on ne saurait blâmer ceux qui, comme S. Em. le cardinal Lavigerie, ont cru mieux d'entrer dans la place, aucun souvenir du passé ni conviction du présent ne réclamant leur fidélité; mais on ne peut blâmer non plus ceux qui croient être complètement obéissants aux intentions de Sa Sainteté, en interprétant d'une manière plus large l'Encyclique du 16 février 1892, dans laquelle on lit :

« Il convient d'ajouter, finalement, qu'à un point de vue relatif telle ou telle forme de gouvernement peut être préférable, comme s'adaptant mieux au caractère et aux mœurs de telle ou telle nation. Dans cet ordre d'idées spéculatif, les catholiques, comme tout citoyen, ont pleine liberté de préférer une forme de gouvernement à l'autre, etc..... »

Dans la lettre pastorale de Mgr l'Evêque métropolitain et de NN. SS. les évêques de la province d'Avignon, en date du 9 avril 1892, se trouve le commentaire suivant : « IV. Parmi les catholiques dignes de ce nom, plusieurs se sont émus en voyant le Pape conseiller, demander, imposer l'acceptation de la République. Nous ne commettrons pas l'irrévérence de prétendre justifier la parole pontificale. Mais, responsables devant Dieu des âmes de tous nos diocésains, nous ne craindrons pas de dire aux catholiques qu'ils ne sont point mis en demeure, par le Chef de l'Eglise, de rompre, dans le secret de leurs pensées et de leur cœur, avec l'attachement intime par lequel beaucoup d'entre eux tiennent aux souvenirs du passé; il ne s'agit que du domaine et des devoirs de la vie publique et des actes qui s'y rapportent.

» Donc, ce que le Pape demande des catholiques, c'est de ne pas se constituer à l'état de « rebelles » et de conspirateurs, prêts à « l'insurrection »; c'est de ne pas contester la forme actuelle du gouvernement; c'est de voir, dans les hommes qui ont été portés à la tête des affaires, moins la personnalité individuelle que « le pouvoir lui-même », l'autorité, qui est « toujours immuable et digne de respect », parce que « sa source est en Dieu ». C'est enfin, de point s'user en des disputes théoriques actuellement stériles, sur les mérites et les inconvénients de tel ou tel système politique, parce que ces disputes engendrent des malentendus, des discordes, « les dissentiments et les divisions », et ne peuvent amener que de fâcheux résultats. »

Personnellement, je reçus, en 1892, par l'intermédiaire de S. E. le cardinal Rampolla, confirmation de ce commentaire de Nosseigneurs de la province d'Avignon, à propos d'une circulaire qu'en qualité de membre du Conseil d'administration de la Société anonyme *l'Océan* je crus pouvoir adresser aux actionnaires, et que S. E. le cardinal Rampolla voulut bien mettre sous les yeux de S. S. Léon XIII.

Comme ce document et sa lettre d'envoi ont une certaine étendue, je les donnerai ici à titre d'annexe. J'y parle des souvenirs du passé, de mes espérances de l'avenir, et voici la traduction de la lettre que daigna m'adresser en réponse S. E. le cardinal :

« MONSIEUR,

» J'ai fait connaître au Saint Père les sentiments et les idées que vous exprimez dans votre lettre du 20 courant et dans la circulaire qui l'accompagne. Sa Sainteté a agréé cette preuve de respect pour le Saint Siège. Elle espère que vos filiales intentions pour le bien de l'Eglise et de la France auront un plein succès et vous envoie, de tout cœur, la Bénédiction apostolique.

» Veuillez agréer, etc.

» *Signé :* M. card. RAMPOLLA.

» Rome, 30 juillet 1892. »

Fort de cette approbation de la manière dont j'ai cru pouvoir interpréter l'Encyclique de Sa Sainteté, j'y ai toujours conformé ma conduite et j'espérais de même que, dans le candidat qu'on nous présentait, la pratique serait pleinement d'accord avec les déclarations.

Le soir donc du 17 janvier, je revenais chez moi, satisfait de ce que j'avais dit à Ploudalmézeau, lorsque la Providence, toujours paternelle dans ses leçons et dans ses épreuves, me donna l'humiliation de mordre la poussière du chemin. Elle avait permis que j'y fusse étendu, violemment précipité d'une voiture dont l'essieu s'était soudainement rompu en arrivant, bon train, au bas d'une côte. Je remercie Dieu de m'avoir préservé d'un accident plus grave; car, si la rupture avait eu lieu deux secondes plus tard, nous eussions pu briser nos têtes bretonnes contre le muretain dont nous approchions trop. Cette chute m'endommagea cependant assez pour m'obliger à garder la chambre toute la semaine, me donnant ainsi la faculté de méditer, dans le recueillement, sur les échos qui me parvenaient chaque jour et qui me peinaient beaucoup.

C'est ainsi que, sans suivre activement la lutte, je fus mis au courant de la guerre de caste faite par le concurrent du comte de Blois. Les journaux se taisaient complètement à cet égard. Cependant, dans les congrès du Tiers-Ordre de Limoges et de Reims, j'avais entendu répéter, sans cesse, combien S. S. Léon XIII tenait à l'union et à la concorde entre catholiques, pour mieux combattre l'ennemi, et que s'il préconisait avec tant de zèle le Tiers-Ordre de Saint-François, c'est qu'il espérait, par le retour à l'esprit de renoncement et de charité du saint Patriarche, obtenir l'union de toutes les classes de la société et comme au xiiie siècle la solution de tous les problèmes sociaux si fortement discutés.

M. l'abbé s'était fait le porte-voix de la division par de violentes attaques, dont les bases, en grande partie au moins, manquaient d'exactitude. Notez que je n'accuse pas sa bonne foi qui a pu être trompée dans un pays qu'il ne connaissait pas et contre des hommes qu'il ne connaissait pas davantage et que, dans l'ardeur de la lutte, on a pu lui présenter sous les aspects les plus propices à l'attaque; mais il ne pouvait ignorer la profession de foi de son concurrent, dont la foi catholique était la base, et qu'il mettait la division entre catholiques.

Le samedi 23, il me fallut bien résumer mes impressions de la semaine, afin de prendre un parti pour le 24. Laissant de côté les excès des électeurs de part et d'autre, comme, en définitive, c'était le candidat élu qui devait nous représenter à la Chambre, ce furent les candidats qui firent les frais de mon examen très consciencieux.

D'une part, j'avais appris que M. l'abbé n'avait pas marchandé sa parole pour une guerre de caste qui mettait la division entre catholiques et qu'ainsi il avait violé le désir tant de fois renouvelé par S. S. Léon XIII, de voir tous les catholiques de toutes les classes de la société, sans tenir compte des divergences d'opinion politique de chacun, s'unir pour combattre avec plus d'efficacité l'ennemi commun, dont l'union se fait toujours si grande toutes les fois qu'il s'agit de combattre Jésus-Christ et les amis du Christ. Et voilà que celui qui se targuait d'obéir à toutes les directions pontificales n'hésitait pas à rompre violemment avec cette direction qu'avait tant à cœur le Vicaire de Celui qui est tout charité!

D'une autre part, la profession de foi de M. de Blois avait mérité les éloges de Msr de Cabrières qui lui a écrit, à cette occasion, une lettre qui le consolera toujours de bien des attaques dont il a été l'objet. J'avais eu connaissance de cette lettre. Je ne pouvais m'expliquer comment, avec une telle profession de foi et les convictions religieuses mises tous les jours en pratique par la caste si violemment attaquée, on pouvait justifier de si durs qualificatifs qui ne me paraissaient pas mérités, moi qui connaissais les sentiments intimes de beaucoup d'entre eux.

Débarrassant la personnalité des deux candidats de tout ce qui s'était fait et dit autour d'eux, je les mis en parallèle et je trouvai que si M. l'abbé avait été plus accentué dans ses déclarations de soumission, il y avait contrevenu dans la pratique, en ce que je considère comme allant le plus au cœur du Saint

Père; tandis que son concurrent, pour être moins accentué dans sa profession de foi, y était resté fidèle, ayant eu le grand mérite, au milieu des attaques violentes dont il avait été l'objet, de rester constamment correct et modéré envers son adversaire pendant tout le cours de la lutte, dans les nombreuses conférences qu'il a faites.

Ma conclusion fut que M. de Blois avait été, de fait, beaucoup plus docile aux instructions pontificales, et je lui écrivis la lettre suivante :

« Brescanvel, 23 janvier 1897.

» CHER MONSIEUR,

» C'était avec bien de la peine que j'avais pris, à Ploudalmézeau, la détermination de me séparer de votre candidature, en faveur de M. l'abbé Gayraud qui se déclarait soumis aux directions pontificales; et je l'avais expliqué, ce que n'a pas donné l'*Étoile de la Mer*, en faisant connaître ma déclaration qui se résume à ceci : soumission aux directions pontificales.

» Or, la candidature de M. l'abbé Gayraud a pris une telle allure de violence qu'elle ne me paraît plus conforme à la direction pontificale, Léon XIII ayant recommandé avant tout union et concorde entre toutes les classes de la société catholique. Cela joint aux renseignements de la dernière heure, qui me parviennent par d'autres voies que celle des journaux, je me détache de ladite candidature qui ne répond plus à mes aspirations et je me rallie à la vôtre.

» En tout cas, vous avez eu soin de vous déclarer catholique avant tout, et votre passé répond de l'avenir.

» J'avais fait taire mes sympathies pour la question de principes; aujourd'hui, par suite de mes déceptions, je fais des vœux pour la réussite de votre candidature.

» Votre dévoué serviteur,

» *Signé* : ERNEST DE POULPIQUET. »

La suite m'a appris combien j'avais eu raison d'agir ainsi; car, si la victoire a couronné les efforts de l'abbé Gayraud, plusieurs brochures qui ont paru se sont chargées de faire l'historique de la guerre de caste qui a fait triompher l'ex-dominicain, particulièrement *le Cas de l'abbé Gayraud* que de vénérables religieux de Rome ont qualifié d'ouvrage écrit de main de maître. L'auteur signe Georges Lannilis; il l'a fait imprimer à Tours, à l'imprimerie Louis Dubois, 10, rue Gambetta.

Il en est qui n'ont pas voulu de Mgr de Cabrières et ont fait échouer sa candidature, parce qu'il n'était assez soumis au Souverain Pontife. Permettez que je donne ici un extrait de la lettre pastorale par laquelle il annonce à ses diocésains son voyage *ad limina* : « Fut-il jamais plus nécessaire qu'aujour-d'hui, Messieurs et chers coopérateurs, de s'instruire des pensées et des jugements du Souverain Pontife? Et, comment s'en informer plus sûrement qu'en s'agenouillant auprès de lui, en recueillant directement de ses lèvres l'enseignement qu'il croit opportun de répandre ?

» C'est là ce que nous voulons essayer. Nous voulons confier au Père commun nos anxiétés et nos craintes; nous voulons éclaircir nos doutes, soulager nos peines, exposer nos opi-nions, puiser enfin, à la source la plus pure et la plus autorisée de la discipline ecclésiastique, les règles de notre conduite, en un temps où, selon une expression banale, mais très juste, « il est plus difficile de connaître son devoir que de l'ac-» complir. »

« Ce langage est, dit la *Croix*, en tous points digne du vaillant évêque de Montpellier. »

Peut-on, en effet, trouver un langage plus digne d'un fils respectueux et soumis?

Le Très Saint Père a été si impressionné de la guerre de caste qui a marqué l'élection du 24 janvier, qu'il nous a fait donner des avertissements indirects, par les hauts personnages qui l'ont approché depuis.

1° Voici ce qu'écrit, dans une lettre pastorale, Mgr Bécel, évêque de Vannes, et que Mgr l'évêque de Quimper a fait reproduire dans la *Semaine religieuse* du diocèse :

« En nous bénissant tous, le Souverain Pontife me recom-manda instamment de vous exhorter sans cesse à persévérer dans vos croyances, dans vos religieuses habitudes, dans la simplicité des anciens jours, à ne faire, comme les premiers chrétiens, qu'un cœur et qu'une âme.

» Souvenons-nous, en effet, que l'union fait la force, que tout royaume divisé sera désolé et que la victoire est promise à l'obéissance. Dociles à la voix du Pape, gardons-nous de mal interpréter ses instructions, de les *exagérer*, de les *dénaturer*, de *séparer* ce qui doit rester uni, par exemple les châteaux et les presbytères, les palais et les chaumières, pour le bien de tous, la gloire de Dieu, la paix dans l'ordre, la vérité, la justice et la vraie liberté. Il y va du triomphe de l'Eglise et du salut de la France. »

2º Dans l'*Etoile de la Mer* du 6 avril 1897, voici ce que ce journal empruntait à l'*Univers* du 5 avril, qui rapportait la clôture de l'assemblée annuelle de l'Œuvre des Cercles :

« M. le comte de Mun, dit l'*Univers*, fait allusion à son dernier voyage à Rome. Il dit que le Saint Père ne veut pas *des luttes de classes; mais une action populaire par l'union de toutes les bonnes volontés.*

» La guerre de caste est donc tout ce qu'il y a de plus contraire aux intentions du Souverain Pontife. »

A ces avertissements indirects, voici qu'il en a ajouté de plus directs en écrivant le 26 mars dernier à Mgr Mathieu, archevêque de Toulouse, qui, dans son mandement du Carême dernier, avait traité la question des intentions et exhortations du Souverain Pontife, lesquelles il a résumées en ces termes :

« Notre attitude est donc nettement tracée : ni sédition, ni servilité, respect des convictions intimes de chacun et des grands souvenirs du passé, mais soumission à la Constitution. Voilà précisément le terrain sur lequel, tout dissentiment politique mis à part, les gens de bien doivent s'unir comme un seul homme, pour combattre, par tous les moyens légaux et honnêtes, les abus progressifs de la législation. — Voilà, nos très chers frères, ce qu'on appelle la politique de Léon XIII. Nul ne saurait la lui reprocher, car c'est celle du bon sens, de la tradition et des intérêts sacrés dont la défense nous est confiée. »

Voici en quels termes nets et précis le Très Saint Père s'est empressé de donner sa complète approbation à tout ce qu'avait dit Mgr Mathieu de la soumission aux directions pontificales :

« ... Nous vous félicitons des leçons si justes, si modérées, si bien adaptées aux circonstances présentes, que vous y donnez à vos diocésains, particulièrement dans le paragraphe huitième, relatif aux recommandations et aux enseignements, émanés de Notre autorité suprême. Vous l'avez compris et vous le faites bien entendre dans votre lettre : Nous n'avons jamais voulu rien ajouter ni aux appréciations des grands docteurs sur la valeur des diverses formes de gouvernement, ni à la doctrine catholique et aux traditions de l'Eglise et du Siège apostolique sur le degré d'obéissance dû aux pouvoirs constitués.

» En appropriant aux circonstances ces maximes tradition- nelles, loin de Nous ingérer dans les questions d'ordre temporel débattues parmi vous, Notre ambition était, est et sera, de contribuer au bien moral et au bonheur de la France, toujours fille aînée de l'Eglise, en conviant les hommes de toute nuance, qu'ils aient pour eux la puissance du nombre, ou la gloire du nom, ou le prestige des dons de l'esprit, ou l'influence pratique de la fortune, à se grouper utilement à cette fin sûr le terrain des institutions en vigueur, etc.

» En vous appliquant, vénérable Frère, par la netteté de votre langage, à faire comprendre dans ce sens Nos intentions et Nos exhortations, en sorte qu'on ne puisse y trouver ni pré- texte, ni insinuations malveillantes, ni *recommandation abusive* pour des théories propres à compromettre la concorde, non à la consolider, vous faites une œuvre agréable à Notre cœur, etc. »

Nous y voyons combien il condamne tout motif de division et recommande le respect des opinions intimes de chacun.

Et autour de qui se fera l'union, si ce n'est autour du Père commun de tous les fidèles? .

Dans l'ordre politique, qui peut donc, en ce moment, nous unir?

Est-ce un d'Orléans dont on peut discuter la légitimité?

Est-ce un Napoléon? Est-ce la République qui nous régit?

Est-ce un descendant méconnu du Roi-Martyr?

Ne nous faut-il pas avant tout reconnaître le Sacré Cœur de Jésus comme Roi de France, ainsi qu'il a déclaré l'être à Marie Lataste? Et Notre Seigneur Jésus-Christ, dont la parole ne passe pas, quand nous aurons ainsi cherché le royaume de Dieu et sa justice, saura bien nous accorder le surcroît.

Il a bien envoyé son archange saint Michel susciter Jeanne d'Arc pour bouter hors l'Anglais et assurer le roi de la légiti- mité de sa naissance.

Nous sommes dans une situation aussi troublée qu'à cette époque et c'est le franc-maçon qui, comme une pieuvre terrible, nous envahit et nous enveloppe de ses tentacules enjuivées.

Sa Sainteté Léon XIII ne nous parle-t-il donc pas en bon Père et en général clairvoyant, en nous invitant à suivre ses exhortations et ses conseils, afin que, laissant de côté toute préoccupation politique, tous les catholiques français, à quelque nuance politique qu'ils appartiennent, s'unissent autour de lui pour combattre les mauvaises lois et préparer le règne social de Jésus-Christ, qui nous sauvera par l'intervention tutélaire de sa sainte Mère ; car, si nos prières au saint Nom de Jésus peuvent faire attendre leur efficacité, parce que Notre Seigneur considère sa justice, notre bonne Mère, en intercédant pour nous, ajoute aux prières de ses enfants ses propres mérites, qui sont tout-puissants sur le Cœur de son divin Fils.

Donc, allons au Cœur de Jésus par le Cœur de Marie, et la meilleure de toutes nos prières ne serait-elle pas de déposer tous nos ressentiments aux pieds de ces saints Cœurs ?

Vive la France !

Vive Marie, à qui la France a été consacrée !

Vive le Christ qui aime les Francs !

Ernest DE POULPIQUET,

Tert. de Saint-François, Chevalier de Saint-Grégoire et du Saint-Sépulcre, etc.

ANNEXE

Quoique l'*Océan* n'existe plus, je crois cependant devoir publier ici des extraits de la circulaire et de la lettre d'envoi à Son Em. le cardinal Rampolla, qui complète les idées émises dans la circulaire, parce que l'approbation et les vœux de Sa Sainteté s'appliquent certainement aux idées et aux intentions émises, sur les directions pontificales, dans ces deux documents (1).

Je crois que, mes sentiments n'ayant pas changé, je puis être considéré avec certitude comme soumis aux directions pontificales, puisque le Souverain Pontife lui-même, par l'intermédiaire de Son Eminence le cardinal secrétaire d'Etat, a bien voulu les agréer. Qui peut être meilleur interprète de ses propres sentiments que le Souverain Pontife lui-même?

Extrait de ma lettre d'envoi à S. E. le cardinal Rampolla.

« Persuadé que l'intervention divine seule peut nous sauver dans l'état de désarroi où sont les esprits, je sens le besoin que nous avons de mériter cette intervention pour obtenir le triomphe de l'Eglise et le retour de la France à la belle mission que saint Remi prédisait à Clovis, comme devant durer jusqu'à la fin des temps. Les malheurs présents ne me semblent qu'une sanction aux châtiments prédits par saint Remi pour le crime du siècle dernier et l'infidélité de la France, afin de la ramener, par le retour à Dieu, à l'accomplissement de sa grande mission.

» L'obéissance à la voix du Chef de l'Eglise me semble être le meilleur moyen d'obtenir du ciel les lumières nécessaires

(1) Abstraction faite du journal qui n'était que l'occasion de les exprimer.

pour éclairer la voie que doit suivre notre patrie, et N. S. Jésus-Christ ne manquera pas à la promesse qu'il nous a faite de nous accorder le surcroît, quand, sur l'invitation de son Vicaire, nous aurons cherché le royaume de Dieu et sa justice avant tout, faisant abnégation de notre propre volonté pour suivre les indications du Père commun de tous les fidèles.

» Avant donc de donner une plus grande publicité à la circulaire ci-jointe, j'ai l'honneur de m'adresser à Votre Excellence, afin de savoir si je ne m'écarte en rien des intentions du Souverain Pontife, sous les yeux duquel je serais heureux que vous voulussiez bien la mettre, l'assurant de mon filial amour et de mon entier dévouement.

» Je serais reconnaissant à Votre Eminence de vouloir bien m'honorer d'une réponse.

» J'ai l'honneur d'être, avec le plus profond respect, de Votre Eminence,

» Monsieur le Cardinal,

» Le très humble et très dévoué serviteur,

» *Signé* : Ernest DE POULPIQUET.
» *Tert. de Saint-François, Chevalier de Saint Grégroire, etc.*

» Le 20 juillet 1897 (mise à la poste le 23). »

Obéissons à Sa Sainteté Léon XIII et espérons.

« Il en est qui reprochent aux *Courriers du Finistère et de Cornouailles*, annexes de l'*Océan*, dont la publication est suspendue, de s'écarter des statuts de la Société anonyme de l'*Océan*, parce que ces journaux se sont déclarés obéissants à l'Encyclique de S. S. Léon XIII.

» Je prétends, au contraire, que, loin de s'écarter de l'esprit desdits statuts, en obéissant, on fait, par cet acte, un grand pas vers le but désiré.

» L'article 2 des statuts dit : « Cette Société a pour but sur-
» tout de soutenir un organe de publicité destiné à défendre
» les intérêts religieux et politiques des actionnaires, en main-
» tenant la ligne suivie par l'ancienne Société de l'*Océan* (c'est-
» à-dire la Monarchie légitime). »

» Or, la Monarchie légitime en France n'existe qu'à la condition d'être catholique.

» En effet, Clovis n'est devenu fondateur de cette Monarchie que par la promesse faite à Dieu à Tolbiac de se faire baptiser, lui et ses Francs, s'il remportait la victoire. Plus près de nous, Henri IV n'a été reconnu roi légitime, par les catholiques de France, qu'en devenant catholique. Le comte de Chambord disait : « Pour que j'y (la France) puisse régner en roi, il faut que le Christ y commande en maître. »

« Apprenez, mon fils », dit saint Remi à Clovis, en cette mémorable cérémonie du baptême qui fit la France, « que le
» royaume de France est prédestiné par Dieu à la défense de
» l'Église romaine qui est la seule véritable Église du Christ.
» Ce royaume sera un jour grand entre tous les royaumes de
» la terre et il embrassera'toutes les limites de l'Empire romain
» et soumettra tous les autres royaumes à son sceptre; il durera
» jusqu'à la fin des temps; il sera victorieux et prospère tant
» qu'il sera fidèle à la foi romaine et ne commettra pas de ces
» crimes qui ruinent les nations; mais il sera rudement châtié
» toutes les fois qu'il sera infidèle à sa mission. »

» Cette prophétie n'a-t-elle pas eu et n'a-t-elle pas encore sa complète réalisation?

» Depuis le crime capital commis, il y a bientôt cent ans, la France est de plus en plus infidèle à sa mission; un mystère d'inquité a comme condamné chacun des régimes qui se sont succédé depuis cette époque, et la France, suivant une pente fatale, est à ce point tombée qu'on ne peut prévoir pour elle de relèvement possible sans une intervention divine.

» Tous les actionnaires de l'*Océan* sont d'accord pour vouloir un gouvernement catholique et légitime; mais ils se divisent quand il s'agit d'en désigner le chef.

» C'est dans ces conditions que nous avons entendu l'auguste voix du Père commun des fidèles.

» Nous avons vu que la condition essentielle de la prospérité de la France est d'être catholique et nous sommes sur la pente glissante de la ruine sous un gouvernement de francs-maçons, et ce gouvernement de francs-maçons, qui veut détruire chez nous jusqu'au nom et au souvenir du Christ, a lui-même choisi le lieu du combat en criant à tous ses adeptes : « Le cléricalisme, voilà l'ennemi ! »

» Le Très Saint Père, voyant, dans la lutte engagée, le succès croissant de l'ennemi, en général habile et soucieux du sort de ses enfants, nous signale le point faible du combat, sur lequel nous devons diriger tous nos efforts. Il ne s'agit pas, nous dit-il, de disputer plus longtemps sur le choix du chef, pendant que l'ennemi gagne du terrain. La France ne peut exister sans être catholique ; elle l'est encore dans la majorité de ses enfants ; la question actuelle est de savoir si les progrès du gouvernement qu'elle s'est donné n'altéreront pas cette condition essentielle de son existence et si elle ne finira pas par appartenir à Satan. Alors tout espoir serait perdu pour elle. Serrez vos rangs, étouffez toute division et combattez, sans vous préoccuper de la forme existante de votre gouvernement, tout ce qui vous éloigne d'un gouvernement catholique. Vous pouvez réserver vos regrets et vos espérances : mais, pour le moment, sus à l'ennemi, combattez, avec ce qui vous reste de liberté, contre les lois antireligieuses et antisociales, ainsi que vous vous étiez réunis, sous le dictateur Gambetta, pour essayer de repousser l'ennemi qui envahissait le territoire de la patrie. Si vos généreux efforts n'ont pas été couronnés de succès, considérez l'athéisme des chefs ; et cependant l'effort de Patay et de tant de sang généreux versé n'a pas été stérile. La Très Sainte Vierge à Pontmain est venue nous annoncer que nos prières allaient être exaucées. L'envahissement s'arrêta.

» Plusieurs coïncidences providentielles ont montré, pendant cette guerre désastreuse, que le ciel s'intéressait étroitement aux actes de la France et que son sort est intimement lié à celui de l'Eglise. Ainsi, l'abandon de Rome par nos troupes n'a-t-il pas coïncidé, jour pour jour, heure pour heure, à nos premiers désastres ?

» Considérons ici que si, sous la dictature de Gambetta, les prières et les efforts des catholiques obtinrent l'intercession efficace de la Très Sainte Vierge, pour la suspension de nos maux, que ne pouvons-nous obtenir de cette admirable Mère à qui Louis XIII consacra la France, lorsqu'elle pourra présenter à son divin Fils la soumission de tous les catholiques de France à la voix du Vicaire de Jésus-Christ ?

» Ne pouvons-nous espérer que Dieu, qui dirige les cœurs, permette que, si par les moyens légaux mis à notre disposition, nous n'obtenons pas le succès désiré, les francs-maçons eux-

mêmes se chargent d'une besogne que nous sommes impuis-
sants à accomplir sans Dieu, et que, s'identifiant toujours de
plus en plus à une forme de gouvernement inoffensive en elle-
même, mais qu'ils veulent monopoliser, ils se chargent eux-
mêmes de la détruire et nous conduisent, au milieu des trou-
bles qui en résulteront, à une autre forme qui nous paraîtra
plus conforme au génie et aux aspirations de la France; si nous
refusons aujourd'hui d'obéir à Sa Sainteté, qu'aurons-nous à
dire aux récalcitrants si, avec l'esprit d'union paternel qui
émane toujours du Saint Siège, le Saint Père vient alors à
demander à tous d'accepter un nouvel ordre de choses conforme
à nos désirs?

» Donnons donc l'exemple, quelque pénible que cela nous
paraisse, et faisons ce sacrifice par esprit filial et pour réparer
tant d'outrages qui se commettent de nos jours envers la sainte
Eucharistie.

» La Très Sainte Vierge, à la Salette, à Lourdes, nous invite
à la prière et à la pénitence. Que l'esprit de pénitence, en outre,
nous dirige dans cet acte d'abnégation, afin de faciliter la mission que cette bonne Mère s'est donnée, d'intercéder sans cesse
pour nous près de son divin Fils.....

» Si la croyance aux prophéties modernes, qui ne sont pas
condamnées, n'est obligatoire pour personne, l'indifférence
pour elles entraîne au moins à de fatales conséquences. L'inexé-
cution des demandes retarde ou rejette à jamais l'exécution
des promesses.

» Ainsi en fut-il et en est-il encore pour les demandes faites
au Roi de France par l'intermédiaire de Marguerite-Marie
Alacoque. Il y a deux cents ans de cela et c'est à notre époque
seulement qu'on a songé à se préoccuper sérieusement des
paroles du divin Sauveur à l'humble religieuse. L'église
nationale de Montmartre en fait foi et prouve que, si on doit
être circonspect, ce n'est pas en vain non plus qu'on néglige
les avertissements que Dieu nous envoie par les moyens qu'il
lui a plu de choisir.

» Quels que soient nos regrets et nos espérances politiques,
nous qui voulons en France un pouvoir légitime catholique,
pouvons-nous manquer de confiance à la parole de N. S. Jésus-
Christ, à ce point de croire que, si, au prix de nos sacrifices,
nous avons coopéré au triomphe de l'Eglise, ou si, au moins,

nous avons travaillé avec ardeur dans ce sens, notre Sauveur, qui ne nous demande pas le succès, mais le feu de la charité dans nos actes, ne nous donnera pas le surcroît promis, non par les moyens de notre choix, mais par ceux qu'il sait nous convenir davantage.

» Qui pouvait prévoir le secours inattendu qui vint à Charles VII dans la personne de Jeanne d'Arc, lorsque Dieu envoya un archange sur la terre pour susciter cette héroïne afin d'assurer le roi de la légitimité de sa naissance et le faire sacrer vainqueur à Reims, alors que le Roi lui-même, soucieux de son origine, voyait son royaume lui échapper par morceaux et que l'Anglais était déjà maître de la plus grande partie de la France ?

» L'épître que l'Eglise lit à la fête de saint Pierre et de saint Paul et qui est tirée des Actes des Apôtres, chapitre xii, nous montre encore comment, dans les situations les plus désespérées, Dieu sait secourir ceux qu'il a décidé de sauver des mains de ses ennemis. Chacun possédant un livre de messe où il pourra lire comment saint Pierre fut miraculeusement sauvé de sa prison, je n'en donnerai pas ici le texte; mais qu'il me suffise de dire que saint Pierre ne discuta pas les paroles de l'ange envoyé par Dieu; il se contenta de lui obéir et vit tous les obstacles s'évanouir devant lui; et, qu'en définitive, son obéissance ne fut pas étrangère à sa délivrance de prison, alors que ses ennemis avaient accumulé tant de précautions pour rendre son évasion impossible.

» Obéissons donc, et mettons notre espoir dans la parole du Christ qui ne passe pas.

» *Signé :* Ernest DE POULPIQUET DE BRESCANVEL,
» *Tert. de Saint-François; Chevalier de Saint-Grégoire et du Saint-Sépulcre, etc.*

» Brescanvel, 10 juillet 1892. »

Réponse de S. Em. le cardinal Rampolla.

« ILLMO SIGNORE,

» Ho riferito al S. Padre i sentimenti ed i propositi expressi da V. S. Illma nel foglio del 20 cadente e nel suo allegato. Sua Santità si è compiaciuta di questo attestato di devozione verso la S. Sede, ed augurando si che le filiali intenzioni di V. S. pel bene della Chiesa e della Francia raggiungano il loro scopo Le invia dall'intimo del cuore la Benedizione Apostolica.

» Dopo uo con sensi di distinta stima mi dichiaro,

» Di V. S. Illma,

» Affmo per servirla.

» *Signé* : M. card. RAMPOLLA.

» Roma, 30 luglio 1892.

» *Com. E. de Poulpiquet de Brescanvel, Brescanvel.* »

Voici la traduction qui m'en a été faite :

« MONSIEUR,

» J'ai fait connaître au Saint Père les sentiments et les idées que vous exprimez dans votre lettre du 20 courant et dans la circulaire qui l'accompagne. Sa Sainteté a agréé cette preuve de respect pour le Saint Siège. Elle espère que vos filiales intentions pour le bien de l'Église et de la France auront un plein succès et vous envoie, de tout cœur, la Bénédiction Apostolique.

» Veuillez agréer les sentiments de profonde estime de votre tres affectueux serviteur.

» *Signé* : M. card. RAMPOLLA.

» Rome, 30 juillet 1892.

» *A M. le comm. E. de Poulpiquet de Brescanvel, à Brescanvel.* »

———

La note de l'*Osservatore Romano* qui vient de paraître dans le supplément de la *Croix*, n° 4338, des 13 et 14 juin 1897, vient très à propos corroborer et appuyer tout ce que j'ai dit pour ma justification. Je crois ne m'en être écarté en rien. Je déclare rétracter tout ce qu'on pourrait interpréter dans un sens contraire à ce nouveau document officiel, et qui m'aurait involontairement échappé.

En raison du respectueux amour que je professe pour l'autorité du Pontife qui représente N. S. Jésus-Christ sur cette terre, je ne saurais mieux terminer mon travail qu'en y ajoutant le texte même de la note en question, qui a paru dans l'organe officieux du Vatican, à titre de communiqué :

« Sur la conduite que les catholiques de France doivent tenir vis-à-vis du pouvoir qui y existe, le Saint Père a déjà exprimé sa pensée et son jugement en divers actes et de la façon la plus claire. Malgré cela, il en est plusieurs — et cela cause une douloureuse surprise — qui, abusant de la bonne foi d'autrui et profitant des moindres incidents, cherchent à obscurcir la vraie signification de ces actes, recourant, quand ils en ont l'occasion, à des inductions, conjectures et appuis de toute sorte, pour donner à ces actes une interprétation conforme à leurs idées personnelles; pourtant, le Saint Père a parlé par lui-même, et c'est par lui-même qu'il a expliqué et précisé plusieurs fois sa pensée.

» Toutefois cette chose est trop importante, le but visé par le Saint Père est trop élevé, *l'affection qu'il nourrit pour la nation française est trop grande*, pour qu'il ne s'efforce point d'éclairer toujours davantage les esprits, *en dissipant les équivoques que d'autres cherchent obstinément à accumuler*.

» Mais il serait inutile de répéter ce qui a été dit conformément à la doctrine de l'Eglise, aux traditions du Siège Apostolique et aux théories des grands docteurs, sur ce qui concerne les diverses formes de gouvernement et l'obéissance due aux pouvoirs constitués.

» Nous rappellerons seulement quelques points qui ont un rapport plus étroit avec la conduite pratique des catholiques et qui peuvent davantage les éclairer pour comprendre la pensée du Saint Père.

» D'abord son intention n'a pas été de recommander *une préférence* et encore moins *une prédilection quelconque*, soit pour la *forme républicaine*, soit pour la *forme monarchique*, car ni l'une ni l'autre ne s'oppose aux principes de la saine raison ni aux maximes de la doctrine chrétienne.

» Les catholiques sont donc *libres*, comme tous les citoyens, *de préférer, dans l'ordre spéculatif, une forme de gouvernement à une autre*.

» Jamais non plus le Pape n'a eu l'intention de *blesser* les *sentiments intimes* ni *le respect dû aux souvenirs du passé*.

» Il a fait remarquer, en outre, que l'Eglise seule a les promesses divines d'immutabilité pour sa forme de gouvernement ; mais les sociétés humaines, pour ce qui concerne la durée de leurs institutions politiques, sont soumises aux changements et aux vicissitudes du temps et surtout à l'action de la Providence divine, dont dépendent les destinées futures des nations.

» D'un autre côté, il a été montré aux catholiques français que le critérium suprême du bien commun, de la conservation sociale et de la tranquillité publique impose, dans l'ordre pratique, l'acceptation des nouveaux gouvernements établis de fait à la place des gouvernements antérieurs qui, de fait, n'existent plus.

» Cette doctrine pleinement conforme à la sage raison, le Pape s'est trouvé amené à la rappeler aux catholiques français, parce que, *les intérêts sacrés de la religion étant en péril, c'est le Pape qui a le droit et le devoir d'indiquer les moyens, les plus appropriés aux lieux et aux temps, par lesquels on doit défendre ou favoriser la cause de la religion.*

» D'où il suit que les catholiques français ne doivent combattre, ni directement ni indirectement, le gouvernement constitué de fait ; *ils doivent au contraire se placer sur le terrain constitutionnel et légal*, soit pour obtenir l'union compacte de leurs forces, soit pour enlever à leurs adversaires tout prétexte de les signaler comme des ennemis des institutions en vigueur (prétexte qui, exploité largement, diminuait devant le peuple l'efficacité de leur action), soit pour que la cause supérieure de la religion ne semble pas s'identifier avec celle d'un parti politique.

» *Tout autre terrain, dans la situation actuelle de la France, ne serait ni solide, ni avantageux pour les intérêts de la religion.*

» De plus, les catholiques doivent s'unir étroitement entre eux, mettre de côté tout dissentiment politique et employer tous les moyens honnêtes et légaux pour améliorer graduellement la législation ; car on a déjà fréquemment fait observer la différence essentielle qui existe entre le pouvoir et les lois. Le pouvoir est toujours respectable et sacré ; les lois, si elles blessent les droits de la conscience, doivent être amendées.

» Pour atteindre ce noble but et imposer un frein à ceux

qui voudraient déchristianiser la France et détruire dans le peuple les notions sur lesquelles reposent l'ordre et la tranquillité sociale, un appel a été fait à tous les hommes honnêtes et impartiaux de toute nuance; car, assurer le respect dû aux droits souverains de Dieu, promouvoir la concorde entre tous les citoyens, sauvegarder le patrimoine moral d'où émanent la vraie grandeur et la prospérité de la nation, est le devoir et l'intérêt vital de tous, et sur ce terrain tous les hommes de bien et de bon sens peuvent s'unir et déployer ensemble leur activité et leur énergie.

» Les catholiques ont une obligation plus spéciale que les autres de contribuer de toutes leurs forces à cette œuvre de salut, puisque *le bien de la religion auquel est uni le bien de la patrie* doit être l'objectif principal de leur vie. Il serait donc très coupable à eux de concourir à cette œuvre avec *tiédeur et indifférence*, surtout *d'y opposer de la résistance.*

» Il leur incombe *le devoir strict d'écouter avec respect la voix de leur Chef suprême, chargé par Dieu de la défense et du soutien de la religion;* ils manquent à ce respect ceux qui, malgré leurs protestations d'attachement au Saint Siège, *voient d'un mauvais œil* les conseils du Pape, et surtout ceux qui les *combattent,* ceux qui sciemment s'efforcent de les *dénaturer* ou de les *mettre en contradiction* avec les conseils de ses prédécesseurs; ceux qui prétendent *éluder les directions pontificales* sous le futile et irrévérencieux prétexte qu'elles *empiètent sur le terrain politique,* ou *qu'elles ne représentent pas la pensée du Pape,* mais celle de ses *conseillers;* ceux-là également qui, se basant sur des lettres particulières et des appréciations même d'éminents personnages, voudraient *circonscrire et atténuer les instructions précises du Saint Siège;* ceux enfin qui, au lieu de s'employer à l'œuvre de la pacification religieuse et de la concorde des esprits, visent plutôt à *créer des difficultés, à semer la défiance et le découragement.*

» Le Pape n'est guidé par aucun intérêt humain, mais uniquement par *le bien des âmes* et par *la grande et constante affection qu'il nourrit pour la nation française,* dont il connaît le cœur magnanime et la noble ardeur pour toutes les œuvres de foi, de charité et de religion.

» Il espère que, les passions étant calmées, sa parole sera

comprise et écoutée docilement par tous ; il ne doute pas que les bénédictions de Dieu descendront encore plus abondantes sur ceux qui, non seulement travailleront avec générosité au bien de la religion, mais sauront faire le sacrifice de leurs propres vues et de leurs tendances personnelles. »

Après cette nouvelle preuve d'amour du Souverain Pontife pour la fille aînée de l'Eglise, serait-il imprudent d'espérer la cessation de toute division entre catholiques de France ?

Ce document nouveau, écrit dans le cœur de Léon XIII, n'est-il pas comme un rayon d'amour échappé du Sacré Cœur de Jésus dont il est le vénéré Vicaire ?

A tant de sollicitude paternelle, ne serait-ce pas manquer de reconnaissance que de répondre autrement que par une respectueuse soumission qu'il attend de tous ses enfants bien-aimés ?

Vive la France !
Vive Léon XIII !
Vive le Christ qui aime les Francs !

Bordeaux. — Imprimerie DEMACHY, PECH et Cie, 16, rue Cabirol.